www.ingramcontent.com/pod-product-compliance
Lightning Source LLC
Chambersburg PA
CBHW050507240426
43673CB00004B/138
* 9 7 8 1 9 8 9 7 9 0 7 9 3 *